El.

ŒUVRES COMPLÈTES

DE

CHATEAUBRIAND

AUGMENTÉES

D'UN ESSAI SUR LA VIE ET LES OUVRAGES DE L'AUTEUR

— Itinéraire de Paris à Jérusalem —

ph K

PARIS

P.-H. KRABBE, LIBRAIRE-ÉDITEUR

12, RUE DE SAVOIE

1852

ATALA ET CHACTAS.

ATALA ET CHACTAS SUR LE RADEAU.

AMÉLIE ET RENÉ.

LE DERNIER ABENCERRAGE.

(Le dernier Abencerrage.)

LAUTREC ET BEN-HAMET.

BLANCA ET ABEN-HAMET.

COUTUMES INDIENNES.

PACTE D'AMITIÉ CHEZ LES NATCHEZ.

DÉPART DE RENÉ.

Evanouissement de Celuta.

LES SACREMENTS.

CELUTA FUYANT LE REPTILE.

LA CONFESSION.

J. Brillot Imp. Q. de la Tournelle, 33, Paris

Génie du Christianisme

LA CHARITÉ.

L'ANGE GARDIEN

LES RELIGIEUX DU Mt St BERNARD.

LA PRIÈRE.

LES FUNÉRAILLES.

LE PÈLERINAGE.

DÉMODOCUS ET CYMODOCÉE

EURYMÉDUSE RETROUVE CYMODOCÉE.

A. Boulé Imp. Q. de la Tournelle 33, Paris.

VELLEDA.

MARTYRE D'EUDORE ET DE CYMODOCÉE.

EUDORE ET CYMODOCÉE AU CIRQUE.

ELLE REND AU CIEL UN SOUFFLE DIVIN.

(Martyrs)

EUDORE AUX PIEDS DE VELLEDA.

Imp.^{rie} A. Bodin, Q. de la Tournelle, 34 Paris.

(Les Martyrs)

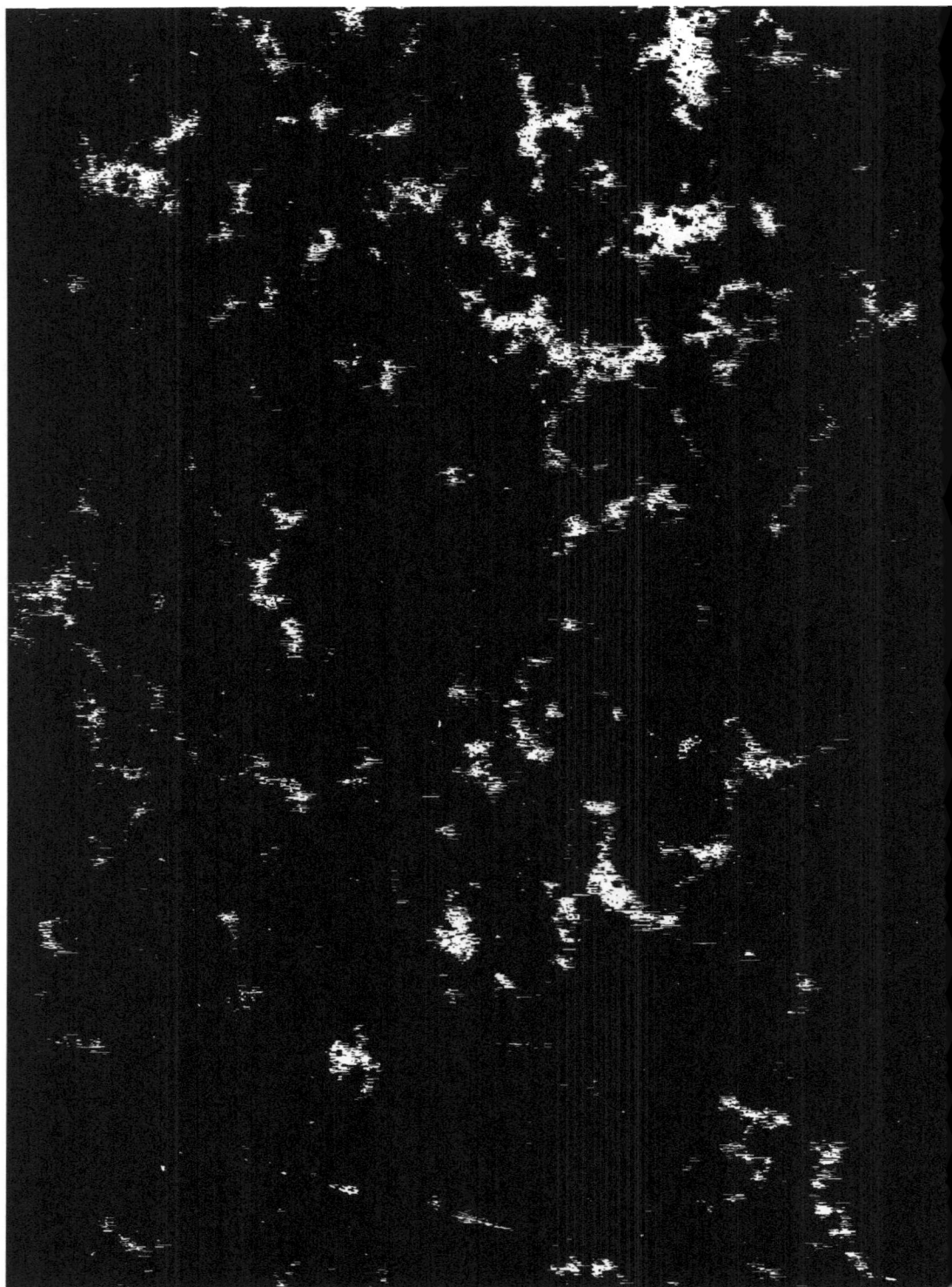

CHATEAU DE COMBOURG

CHÛTE DU NIAGARA.

(Tennecke)

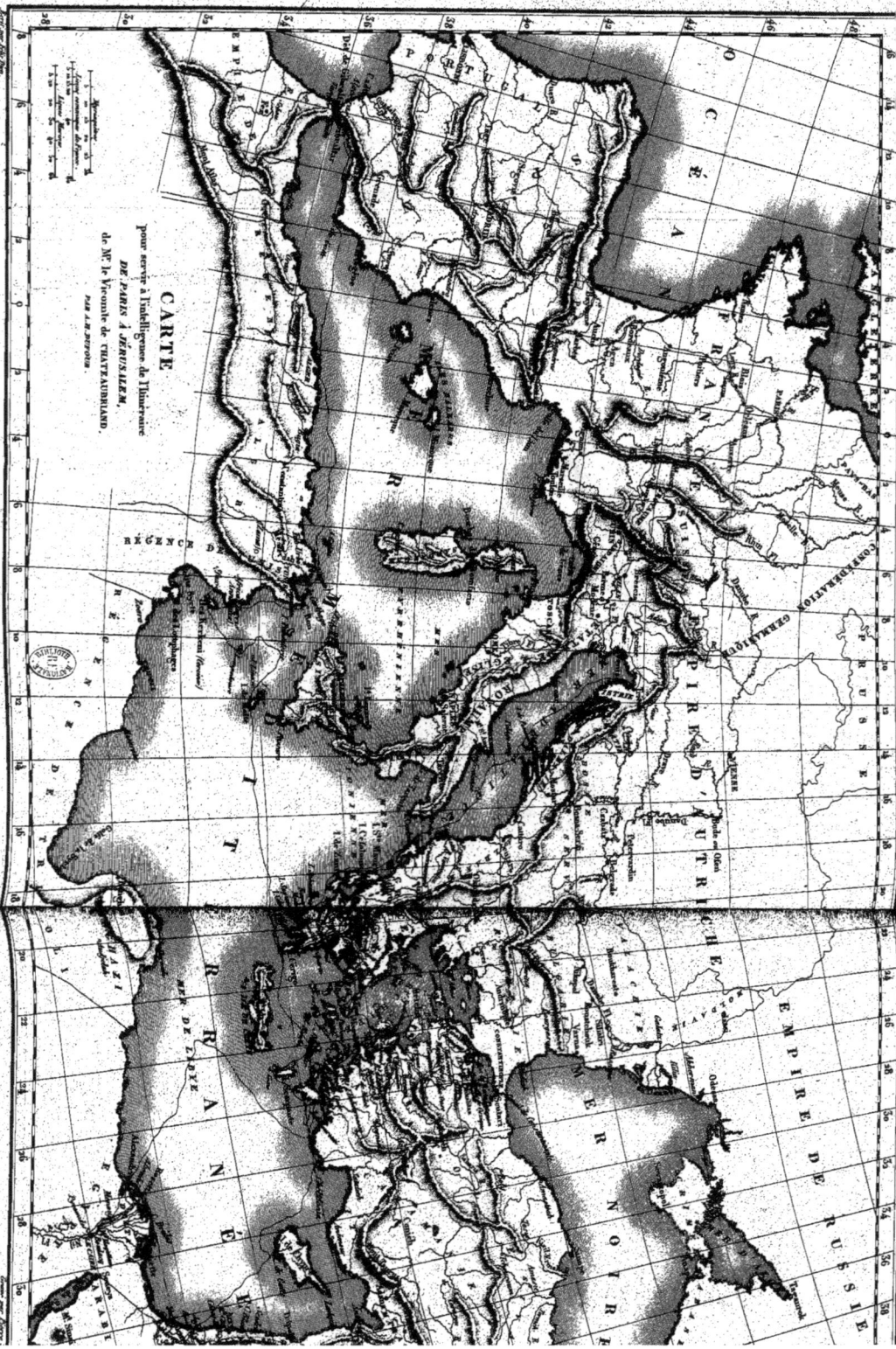

CARTE

pour servir à l'intelligence de l'Itinéraire

DE PARIS À JÉRUSALEM

de Mr. le Vicomte de CHATEAUBRIAND.

PAR J.B. DUFOUR.

OCÉAN

PORTUGAL

ESPAGNE

FRANCE

SUISSE

CONFÉDÉRATION GERMANIQUE

PRUSSE

EMPIRE D'AUTRICHE

EMPIRE DE RUSSIE

RÉGENCE DE TUNIS

TURQUIE

MER DE LEVANT

MER NOIRE

NAPLES

CORFOU.

CHATEAUBRIAND CHEZ LES GRECS.

(Itinéraire)

L'ACROPOLIS.

JÉRUSALEM.

DÉPART DE BETHLÉEM.

CHATEAUBRIAND CHEVALIER DE MALTE.

(Janneron)

CHATEAUBRIAND AUX RUINES DE CARTHAGE.

TEMPLE DE JÉRUSALEM.

RICHELIEU.

LA CHEVALERIE AU XIIIᵉ SIÈCLE.

CHATEAUBRIAND.

J. Bodlick Imp.ᵗ Quai de la Tournelle. 35 Paris

H. DUC DE GUISE.

dit le Balafré

Bethel Imp. O de la Tournelle 21 Paris

CATHÉDRALE DE CORIQUE.

CROMWEL ET LES QUATRE STUARTS.

MOÏSE SAUVÉ DES EAUX.

VIE ET MŒURS DES CHEVALIERS.

LA ROCHEJAQUELEIN.

DE VILLÈLE.

TEMPLE DE MEMPHIS.

A. Bichebois, imp. L*et. de la Tourville, 51, Paris.

LES RUINES DE SPARTE.

Imprimé par..., r. de... 85, Paris.

ROME.

Rouargue sc.

Itinéraire

MALESHERBES

Défenseur de Louis XVI

CHARETTE.

(Abel hist. de la Vendée)

CATHELINEAU.

SHAKESPEARE

(Essai sur la littérature anglaise.)
Chateaubriand.

OPHÉLIA.

Mort de Desdemone   Depart de Romeo

Abraham Brillet Imp. Quai de la Tournelle. 35. Paris.

ÉPISODES DE LA VIE DE SHAKESPEARE.

(Essai sur la littérature anglaise.)
Chateaubriand

Abraham Boillat Imp.^t 35, Quai de la Tournelle, Paris.

MILTON DICTANT SES VERS À SES DEUX FILLES.

Abraham Maillet, Imp.r Quai de la Tournelle, 35, Paris.

(Paradis perdu.)
Page 122.

EVE TENTÉE PAR LE SERPENT.

(Paradis perdu)
Chateaubriand

REPAS ET RÉCIT DE RAPHAËL.

4. Bailles Imp. Quai de la Tournelle. 35, Paris.

www.ingramcontent.com/pod-product-compliance
Lightning Source LLC
Chambersburg PA
CBHW071953110426
42744CB00030B/1218